UN POCO DE HISTORIA

Santa Elena nació en el año 270 en Bitinia, hija de un hotelero, mujer muy hermosa. Su nombre significa: Antorcha resplandeciente. El general Constancio Cloro se enamoró de ella y se casaron, del matrimonio nació el célebre Constantino I, también conocido como Constantino El Grande, que dio libertad a los cristianos. El emperador de Roma, Maximiliano, ofreció nombrar a Constancio Cloro su colaborador más cercano, pero sólo si repudiaba a su esposa y se casaba con su hija. La ambición ganó y repudió a Elena. Ella optó por llevar una vida de santidad. Cuando Constancio murió, el hijo de Elena fue proclamado emperador. Constantino tuvo un sueño en el que Cristo le mostró una cruz y le dijo: "con este signo vencerás". Y así fue como tuvo una fulgurante victoria en el puente Milvio en Roma. Decretó que la religión católica tendría, en adelante, libertad, nombró a su madre emperatriz, mandó hacer monedas con la figura de ella y le permitió usarlas para obras buenas. Elena se fue a Jerusalén a excavar el sitio donde había estado el Monte Calvario y encontró la cruz en que se crucificó a Jesús. Elena aunque era la madre del emperador vestía con mucha sencillez. Construyó tres templos en Tierra Santa. Gastó su vida en hacer obras buenas.

MILAGRO

En 1986 en la ciudad de Guadalajara, José Pedraza estaba muy angustiado por la separación de su esposa. El había sido la causa del problema y no sabía cómo remediarlo. Amaba a su esposa y deseaba que regresara a su lado. Varias veces le pidió perdón y prometió no volver a ofenderla, pero no conseguía convencerla. Más tarde ella se mudó a otra ciudad y no podía encontrarla. Rezó día y noche a Santa Elena pidiendo que volviera, después de un mes la encontró y logró convencerla de regresar. Juntos fueron a ver a Santa Elena.

ORACIÓN DIARIA

Santa Elena de belleza sin igual, dedicaste tu vida a obras buenas. No gobernaste en la tierra, pero tuviste un reino celestial. Tú que reúnes a los que están separados, haz que vuelvan los que de mi están alejados. Llena mi vida de amor en este momento crucial. Divina Señora de corona imperial, te dedico esta novena y con respeto beso tus pies sagrados, para que mis ruegos sean por ti recordados. Eterna Majestad de hermosura espiritual, para mí venir a verte es consagrado ritual.

HAGA SU PETICIÓN

Aquí estoy hincado a tus pies.

Con la luz de tus quinqués que no tienen comparación
alumbra a este humilde feligrés
que viene a hacerte esta petición.

Te ruego con todo mi corazón me concedas... (se hace la petición)

Esto es un asunto de interés te suplico tu atención me des. Concédeme lo que te pido en esta ocasión y con tu divina protección me ayudes, para que seas tú siempre mi salvación.

Padre Nuestro, que estás en el cielo, santificado sea tu nombre; venga a nosotros tu reino; hágase tu voluntad, en la tierra como en el cielo.

Danos hoy nuestro pan de cada día; perdona nuestras ofensas, como también nosotros perdonamos a los que nos ofenden; no nos dejes caer en la tentación, y líbranos del mal. Amén.

Dios te salve, María, llena eres de gracia, el Señor es contigo. Bendita tú eres entre todas las mujeres, y bendito es el fruto de tu vientre: Jesús. Santa María, Madre de Dios, ruega por nosotros, pecadores, ahora y en la hora de nuestra muerte. Amén.

Gloria al Padre, al Hijo y al Espíritu Santo. Como era en el principio, ahora y siempre, por los siglos de los siglos. Amén.

DÍA PRIMERO

Glorificada Antorcha Resplandeciente, Sagrada Señora de luz viviente. Santa Elena bendita das amor y ayuda al que te lo pide con el corazón. Hoy he venido a verte por una importante razón y a entregarte esta novena sinceramente. Para que me des tu ayuda y me perdone al que ofendí con algo hiriente. Bendíceme Señora para que mejore esta relación. Dame tu luz para actuar bien y causar buena impresión. Dame claridad para de mis errores estar consciente. Reverenciada Santa Elena agraciada y fresca como fruta de estación.

Padre Nuestro, que estás en el cielo, santificado sea tu nombre; venga a nosotros tu reino; hágase tu voluntad, en la tierra como en el cielo. Danos hoy nuestro pan de cada día; perdona nuestras ofensas, como también nosotros perdonamos a los que nos ofenden; no nos dejes caer en la tentación, y líbranos del mal. Amén.

Dios te salve, María, llena eres de gracia, el Señor es contigo. Bendita tú eres entre todas las mujeres, y bendito es el fruto de tu vientre: Jesús. Santa María, Madre de Dios, ruega por nosotros, pecadores, ahora y en la hora de nuestra muerte. Amén.

Gloria al Padre, al Hijo y al Espíritu Santo. Como era en el principio, ahora y siempre, por los siglos de los siglos. Amén.

DÍA SEGUNDO

Santa Elena te dedico esta novena con respeto y admiración. Para que el viento la lleve hacía ti como al diente de león y de regreso me traiga tu respuesta, para esta petición modesta. Señora de Divino rostro dame tu bendición y ayúdame a perdonar a quién me ofendió con o sin intención. No permitas Señora que yo les guarde rencor y tenga una relación honesta. Permite que mi alma a recibir a todos con amor esté predispuesta. Señora Bendita llenas mi pecho de ilusión.

Padre Nuestro, que estás en el cielo, santificado sea tu nombre; venga a nosotros tu reino; hágase tu voluntad, en la tierra como en el cielo. Danos hoy nuestro pan de cada día; perdona nuestras ofensas, como también

10

nosotros perdonamos a los que nos ofenden; no nos dejes caer en la tentación, y líbranos del mal. Amén.

Dios te salve, María, llena eres de gracia, el Señor es contigo. Bendita tú eres entre todas las mujeres, y bendito es el fruto de tu vientre: Jesús. Santa María, Madre de Dios, ruega por nosotros, pecadores, ahora y en la hora de nuestra muerte. Amén.

Gloria al Padre, al Hijo y al Espíritu Santo. Como era en el principio, ahora y siempre, por los siglos de los siglos. Amén.

DÍA TERCERO

Antorcha **R**esplandeciente lanza tu rayo desde el cielo, para bendecir con el mi suelo. Santa Elena te dedico esta novena con devoción, para que hagas tu aparición y con las personas que quiero el amor nos reúna en perfección. Señora mía dale a mi corazón consuelo. Que los pájaros eleven el vuelo, para honrarte con su canción. Santa Elena vendré a rezarte con frecuencia para contar siempre con tu atención. Preciosa Mujer tierna y dulce como el caramelo. A tu paso se escuche el sonido del violoncelo.

Padre Nuestro, que estás en el cielo, santificado sea tu nombre; venga a nosotros tu reino; hágase tu voluntad, en la tierra como en el cielo. Danos hoy nuestro pan de cada día; perdona nuestras

ofensas, como también nosotros perdonamos a los que nos ofenden; no nos dejes caer en la tentación, y líbranos del mal. Amén.

Dios te salve, María, llena eres de gracia, el Señor es contigo. Bendita tú eres entre todas las mujeres, y bendito es el fruto de tu vientre: Jesús. Santa María, Madre de Dios, ruega por nosotros, pecadores, ahora y en la hora de nuestra muerte. Amén.

Gloria al Padre, al Hijo y al Espíritu Santo. Como era en el principio, ahora y siempre, por los siglos de los siglos. Amén.

DÍA CUARTO

Divina Claridad de noche y día, te ofrendo esta novena con el alma mía, para que me des tu sagrada bendición, yo te ruego con todo el corazón. Santa Elena haz que nuestras vidas sean bendecidas con la armonía. Que se llenen de alegría. Señora con rostro de divina expresión, dale a nuestras mentes gran imaginación, para que nuestro mundo se cubra de ilusión. Imprégnanos de tu gran sabiduría, que borre por siempre la melancolía. Bendita Antorcha Resplandeciente cólmanos de satisfacción.

Padre Nuestro, que estás en el cielo, santificado sea tu nombre; venga a nosotros tu reino; hágase tu voluntad, en la tierra como en el cielo. Danos hoy nuestro pan de cada día; perdona nuestras

14

ofensas, como también nosotros perdonamos a los que nos ofenden; no nos dejes caer en la tentación, y líbranos del mal. Amén.

Dios te salve, María, llena eres de gracia, el Señor es contigo. Bendita tú eres entre todas las mujeres, y bendito es el fruto de tu vientre: Jesús. Santa María, Madre de Dios, ruega por nosotros, pecadores, ahora y en la hora de nuestra muerte. Amén.

Gloria al Padre, al Hijo y al Espíritu Santo. Como era en el principio, ahora y siempre, por los siglos de los siglos. Amén.

DÍA QUINTO

Reverenciada Señora de belleza cristalina, Santa Emperatriz vistes con la sencillez de campesina, pero tienes el corazón de una Reina majestuosa, caritativa y bondadosa. Te vengo a pedir Señora que alivies mi soledad repentina. Haz volver a aquella alma peregrina. Con tu luz poderosa, permite que regrese, yo he de esperar, en actitud amorosa. Divina Gracia quita del medio la oscura cortina y pueda sacarme pronto la espina. Eterna Señora de luz maravillosa, enciende la antorcha de tu bondad generosa. Que dance por siempre la luciérnaga bailarina.

Padre Nuestro, que estás en el cielo, santificado sea tu nombre; venga a nosotros tu reino; hágase tu voluntad, en la tierra como en el cielo.

Danos hoy nuestro pan de cada día; perdona nuestras ofensas, como también nosotros perdonamos a los que nos ofenden; no nos dejes caer en la tentación, y líbranos del mal. Amén.

Dios te salve, María, llena eres de gracia, el Señor es contigo. Bendita tú eres entre todas las mujeres, y bendito es el fruto de tu vientre: Jesús. Santa María, Madre de Dios, ruega por nosotros, pecadores, ahora y en la hora de nuestra muerte. Amén.

Gloria al Padre, al Hijo y al Espíritu Santo. Como era en el principio, ahora y siempre, por los siglos de los siglos. Amén.

DÍA SEXTO

Te ofrendo esta novena Reverenciada Señora, porque tú alumbras los destinos. Quiero pedirte que con quién yo espero hagas que se encuentren nuestros caminos. Majestuosa Emperatriz permite que se logre esta unión, para que pueda comenzar una nueva relación. Con tu gran poder trenza nuestros sinos, que lleguen a nosotros tus milagros celestinos. Con humildad te ruego me concedas esta petición. Dale a mi vida una ilusión. Hermosa Señora de poderes Divinos, de bellos ojos angelinos. Los que te adoran son muchos más de un millón.

Padre Nuestro, que estás en el cielo, santificado sea tu nombre; venga a nosotros tu reino; hágase tu voluntad, en la tierra como en el cielo. Danos hoy nuestro pan de cada día; perdona nuestras ofensas, como también nosotros perdonamos a los que nos ofenden; no nos dejes caer en la tentación, y líbranos del mal. Amén.

Dios te salve, María, llena eres de gracia, el Señor es contigo. Bendita tú eres entre todas las mujeres, y bendito es el fruto de tu vientre: Jesús. Santa María, Madre de Dios, ruega por nosotros, pecadores, ahora y en la hora de nuestra muerte. Amén.

Gloria al Padre, al Hijo y al Espíritu Santo. Como era en el principio, ahora y siempre, por los siglos de los siglos. Amén.

DÍA SÉPTIMO

Emperatriz Sagrada has rescatado la Cruz de Cristo Nuestro Señor y todo lo que has hecho ha sido por amor. Te entrego esta novena para que por medio de tu poder, el pasado sea olvidado y de principio un nuevo presente bendecido. Te suplico con el corazón Bendita Blanca Flor. Señora de claridad ven a darme tu calor. Ven y camina conmigo Señora de sencillo vestido, antes de conocerte yo estaba perdido, pero ahora tú llenas mi mundo de color. Con tu ayuda a emprender algo nuevo estoy decidido.

Padre Nuestro, que estás en el cielo, santificado sea tu nombre; venga a nosotros tu reino; hágase tu voluntad, en la tierra como en el cielo. Danos hoy nuestro pan de cada día; perdona nuestras ofensas, como también

20

nosotros perdonamos a los que nos ofenden; no nos dejes caer en la tentación, y líbranos del mal. Amén.

Dios te salve, María, llena eres de gracia, el Señor es contigo. Bendita tú eres entre todas las mujeres, y bendito es el fruto de tu vientre: Jesús. Santa María, Madre de Dios, ruega por nosotros, pecadores, ahora y en la hora de nuestra muerte. Amén.

Gloria al Padre, al Hijo y al Espíritu Santo. Como era en el principio, ahora y siempre, por los siglos de los siglos. Amén.

DÍA OCTAVO

Santa Elena Eterna baja de tu carroza, para bendecirme con tu antorcha milagrosa. Yo te entrego esta novena en esta hora serena, porque voy a encontrarme con alguien y espero una cosa buena. Te ruego Divina Gracia que me des tu bendición, para que nuestra reunión sea gozosa y que esta relación sea cada vez más valiosa. No permitas que intervenga ninguna persona ajena. Con tu sagrado poder haz fuerte la cadena. Que a tu alrededor vuele bella mariposa, para reverenciarte Mujer de bondad asombrosa.

Padre Nuestro, que estás en el cielo, santificado sea tu nombre; venga a nosotros tu reino; hágase tu voluntad, en la tierra como en el cielo. Danos hoy nuestro pan de cada día; perdona nuestras

22

ofensas, como también nosotros perdonamos a los que nos ofenden; no nos dejes caer en la tentación, y líbranos del mal. Amén.

Dios te salve, María, llena eres de gracia, el Señor es contigo. Bendita tú eres entre todas las mujeres, y bendito es el fruto de tu vientre: Jesús. Santa María, Madre de Dios, ruega por nosotros, pecadores, ahora y en la hora de nuestra muerte. Amén.

Gloria al Padre, al Hijo y al Espíritu Santo. Como era en el principio, ahora y siempre, por los siglos de los siglos. Amén.

DÍA NOVENO

Sagrada Emperatriz del cielo, tu amor a Dios entregaste y el corazón de los humanos flechaste. Te vengo a suplicar por medio de esta novena, para pedirte que hagas sentir mi alma llena. Usa tu divina antorcha para que me encuentre con quien amo, como tú también amaste y por tus bondades en las alturas te coronaste. Atiende a mi llamado Bella Azucena. Tu caridad es saludable como la hierbabuena. Señora tú que, hacer el bien nos enseñaste, seas por siempre bendita en la tierra y en el cielo por todo lo que lograste.

Padre Nuestro, que estás en el cielo, santificado sea tu nombre; venga a nosotros tu reino; hágase tu voluntad, en la tierra como en el cielo. Danos hoy nuestro pan de cada día; perdona nuestras

ofensas, como también nosotros perdonamos a los que nos ofenden; no nos dejes caer en la tentación, y líbranos del mal. Amén.

Dios te salve, María, llena eres de gracia, el Señor es contigo. Bendita tú eres entre todas las mujeres, y bendito es el fruto de tu vientre: Jesús. Santa María, Madre de Dios, ruega por nosotros, pecadores, ahora y en la hora de nuestra muerte. Amén.

Gloria al Padre, al Hijo y al Espíritu Santo. Como era en el principio, ahora y siempre, por los siglos de los siglos. Amén.

ORACIÓN FINAL

Santa Elena milagrosa, hermoso botón en flor. Esta novena te dedico con todo mi amor, para que me mantengas unido a todo aquél que yo ame y respete. Por eso vengo a verte a tu Sagrado templete. Has que mis relaciones sean buenas y estén plenas de candor. Santa Elena Reverenciada no permitas que en mi corazón exista el rencor. Protégeme bajo tu sombra de frondoso ahuehuete y no esté bajo la rama seca de cualquier arbolete. Honorable Señora tu belleza es un primor.

Padre Nuestro, que estás en el cielo, santificado sea tu nombre; venga a nosotros tu reino; hágase tu voluntad, en la tierra como en el cielo. Danos hoy nuestro pan de cada día; perdona nuestras ofensas, como también nosotros perdonamos a los que nos ofenden; no nos dejes caer en la tentación, y líbranos del mal. Amén.

Dios te salve, María, llena eres de gracia, el Señor es contigo. Bendita tú eres entre todas las mujeres, y bendito es el fruto de tu vientre: Jesús. Santa María, Madre de Dios, ruega por nosotros, pecadores, ahora y en la hora de nuestra muerte. Amén.

Gloria al Padre, al Hijo y al Espíritu Santo. Como era en el principio, ahora y siempre, por los siglos de los siglos. Amén.

Papá Dios: que tu sabiduría nos guíe; que tu luz ilumine nuestro camino; que tu amor nos de paz; que tu poder nos proteja, y que por donde quiera que caminemos, tu presencia nos acompañe. Gracias Papá Dios que ya nos oíste. Amén.